PROJET

D'EXTINCTION

DE 200 MILLIONS

DU CAPITAL DE LA DETTE EXIGIBLE,

A OPÉRER PAR L'INTERMÉDIAIRE DE LA
BANQUE DE FRANCE.

OBSERVATIONS

PRÉLIMINAIRES.

*Des Banques publiques en général, et de l'un des
principaux moyens de leur crédit.*

AVANT que d'entrer en matière sur le moyen
d'éteindre, en l'acquit du Gouvernement, et sans
autre charge pour lui que le payement des intérêts,

A

R

200 MILLIONS du capital de la dette exigible , par l'intermédiaire de la Banque de France , je présenterai quelques considérations générales sur les Banques publiques et sur un de leurs principaux moyens de crédit ; car il ne suffit pas qu'une institution utile existe, il faut encore que son utilité soit assurée, soit garantie pour toute la durée de son existence. J'examinerai ensuite si la circulation peut supporter, tant à Paris que dans les principales villes de commerce de France , un capital de billets de Banque supérieur à celui maintenant existant, et si les comptoirs sont d'une utilité réelle dans les places de premier ordre et dans les villes de fabriques.

Les divers Gouvernemens de l'Europe ont reconnu jusqu'ici l'utilité des Banques publiques ; ils les ont autorisées comme des établissemens pour ainsi dire nécessaires au commerce, et comme un moyen facile de circulation et d'échange ; mais au lieu de s'abstenir envers elles de toute influence capable d'alarmer l'opinion publique , si délicate en matière de confiance et de crédit , les Gouvernemens semblent n'avoir fondé ces établissemens que dans le dessein de s'en faire des ressources , et d'y puiser des capitaux selon leurs besoins ; de-là , le discrédit des Banques, soit par des émissions de papier outre-mesure , soit par son remplacement, obligé en valeurs étrangères à la nature de leurs opérations. L'autorité qui devait les protéger devient alors le fléau qui les détruit. La Banque de

France elle-même, malgré la sagesse de son administration, et la pureté de ses élémens constitutifs, n'a pas été à l'abri d'une violence réelle faite à ses statuts par le Gouvernement qui a administré la France pendant les dernières années du trop long interrègne de notre légitime Souverain ; elle a été détournée, malgré elle, de sa véritable direction, et cependant elle a eu le bonheur d'échapper à ce torrent dévastateur qui l'aurait infailliblement entraînée, tôt ou tard, dans le bouleversement universel.

Posons donc, une bonne fois, les principes en matière de Banque publique, sans considérer les causes du plus ou du moins de succès que peuvent avoir celles établies chez nos voisins, et de la fluctuation continuelle de leur crédit.

Une Banque, dite Banque publique, n'est et ne doit être instituée que dans l'intérêt continuel du public, et non dans l'intérêt occasionel du Gouvernement qui autorise sa création. Son élément principal, c'est la confiance ; le gage de sa durée, c'est la confiance ; la garantie de sa prospérité, c'est encore la confiance : quand elle est en activité, ce n'est plus le Gouvernement dont elle tient son existence, qui fait sa véritable force, c'est le crédit qu'elle obtient dans l'opinion ; et pour que ce crédit soit entier, pour qu'il soit vierge, il faut non-seulement qu'une Banque soit bien administrée, mais, sur toutes choses, qu'elle soit parfaitement indépendante dans son action, c'est-à-dire, dans tout ce qui ne la sépare du Gouvernement que pour la vouer uniquement au public, dont le Gouvernement devient alors partie, à son égard. Ses statuts, voilà sa charte constitutionnelle, voilà son unique loi. Consacrer l'indépendance entière d'une Banque publique, en tant qu'elle n'opère que d'après ses statuts : c'est consacrer un principe fondamental. Sans cette indépendance assurée, point de Banque publique justement accréditée. S'il faut toutefois expliquer ce mot d'indépendance, pour que l'on ne se méprenne point sur le sens que j'y donne, j'entends qu'il faut qu'une telle Banque puisse refuser son argent au Gouvernement, aussi bien qu'à un simple particulier, si les valeurs qu'il lui propose en échange ne sont pas à son gré ; de même qu'il ne faut pas que, dans aucune circonstance, et pour quelque motif que ce soit, le Gouvernement la contraigne ou l'expose à faire telle ou telle sorte d'opération qu'elle juge dangereuse pour son crédit. Voilà mon opinion suffisamment développée. Un principe, quelque sain qu'il puisse être, a toujours en soi quelque chose d'absolu qui semble choquer par son autorité ; mais ce n'est pas les bons esprits qu'il choque, et c'est aux bons esprits que je m'adressse.

J'ai parlé avec assurance de ce qui est démontré à ma raison et à mon expérience, au sujet de l'indépendance nécessaire au crédit des Banques publiques en général, et de celle de France en particulier. J'ai dit tout haut ce que l'on pense tout bas de l'un des moyens principaux de ce crédit, et j'affirme avec confiance et loyauté que je n'ai rien dit qui ne soit vérité ; de telles vérités, pourra-t-on dire, ne sont point nouvelles : non ; mais elles ont été captives jusqu'ici, et il n'est peut-être pas superflu de leur donner l'essor au moment où, sous un Gouvernement paternel, l'on recouvre la liberté de dire, avec modération et respect, tout ce qui est utile.

De la masse des Billets de la Banque de France, de leur crédit, et des comptoirs de la Banque.

Si, dans un temps de guerre, le plus inopportun sans doute pour l'émission d'un papier faisant l'office du numéraire, la Banque de France a pu effectuer à Paris pour les seuls besoins du commerce une émission de 110 millions de ses billets, sans peser aucunement sur la circulation, n'est-on pas autorisé à penser que la France entière, ou plutôt que Paris et les douze ou quinze principales places de commerce et de fabrique pourront, dans un temps de paix, en employer aisément 250 millions ? Je ne considère pas si, dans les désastreuses campagnes d'Espagne et du Nord, il est sorti de France plus de numéraire qu'il n'en était entré dans les années qui ont précédé

l'époque du traité de Presbourg, et qu'il n'en est
entré depuis deux ans environ, par l'introduction des
guinées : c'est une donnée trop peu fixe pour servir
de base à des calculs ; mais je crois que si, malgré
l'abondance du numéraire, Paris seul a consommé
110 millions de billets dans un temps où le numéraire
était entravé de toutes parts, tant par la guerre
elle-même, que par cet épouvantable système con-
tinental que la France avait adopté , je ne doute
nullement que le commerce de tout le royaume, rendu
à son activité par le bienfait de la paix, ne puisse
trouver aisément l'emploi d'un capital de 250 millions, sans trop surcharger la circulation : c'est aussi
l'opinion de plusieurs personnes instruites que j'ai
consultées. On peut m'objecter que, malgré la guerre,
Paris, qui se trouvait l'entrepôt général du commerce de spéculation, le seul que le système conti-
nental pût favoriser, pouvait avoir besoin d'un
capital fictif supérieur à celui nécessaire au simple
commerce de consommation qu'il est réduit à faire
en temps de paix ; qu'ainsi la circulation à Paris a
pu supporter sans peine 110 millions de billets de
Banque ; mais qu'elle n'aura peut-être pas besoin, pour
l'avenir, d'un représentatif plus considérable. On
peut dire, en second lieu, que toutes les autres villes
principales de France entrent à peine, pour le mouvement de la circulation, dans une proportion égale
à Paris seul, et que si, par exemple, 125 millions

sont utiles à Paris pour aider à la circulation du numéraire, un même capital de 125 millions ne sera peut-être pas nécessaire, pour le même objet, à toutes les places de commerce de France réunies, s'il est vrai, comme des négocians me l'ont assuré, que Bordeaux, dans ses années de prospérité, n'avait pas un mouvement de plus de 5 à 6 millions, et qu'aucune autre place ne dépassait ce capital, il y a vingt-cinq ans. Je ne contesterai pas la première de ces objections que je me fais à moi-même au sujet du mouvement de capitaux nécessaires à Paris pour son commerce, dans les années qui vont suivre, parce que l'expérience seule pourra déterminer la valeur de cette première objection ; mais pour la seconde, considérons que certaines places de grand commerce, telles que Lyon et Marseille, que je citerai, suppléaient à la circulation du numéraire, toujours embarrassant à remuer dans les grands échanges, par des viremens de parties. Lyon avait ses quatre époques de payement où les négocians échangeaient leurs créances sans déplacement de capitaux. Marseille faisait ses compensations tous les mois ; de-là, l'usage des jours de grâce pour le payement des lettres de change et billets, afin de faciliter, entre négocians, l'échange de leurs engagemens respectifs. Supposons maintenant un grand mouvement dans le commerce ; supposons des expéditions lointaines augmentant ses besoins ; supposons encore, ce qui n'est pas impossible, en égard à l'état peu brillant de nos colonies américaines, des sorties de numéraire au dehors, et nous reconnaîtrons, d'une part, l'extrême utilité d'un plus facile moyen d'échange que la voie pénible des payemens en espèces, et de l'autre, que la présence des billets de la Banque de France, émis dans une sage proportion, ne sera ni dangereuse, ni même superflue dans nos grandes places de commerce : mais le point toujours délicat, celui que l'on n'aborde jamais qu'en tremblant, c'est le moyen de gagner la confiance du public, parce que le public ne donne sa confiance que lorsque tout concourt à la déterminer. Le public est ainsi fait ; qu'il se méfie d'abord de tout ce qui est nouveau, quelque garantie qu'on lui présente ; peu à peu il se familiarise, il s'habitue, et bientôt il se livre avec une sorte d'abandon : il avait trop réfléchi dans les commencemens, il ne réfléchit pas assez dans la suite ; car si sa confiance est un moment ébranlée, quoique sans motifs réels, alors tout est perdu ; le découragement s'en mêle, la peur se communique avec la rapidité de l'éclair, et l'on a peur, parce que tout le monde a peur, sans trop s'expliquer pourquoi : ainsi donc, plus cette confiance du public est susceptible, et même capricieuse, et plus il faut faire d'efforts pour la mériter et la fixer. En matière de papier faisant l'office d'argent, je ne connais guères qu'un moyen de gagner la confiance du public ; c'est de multiplier tellement les gages qu'on lui offre, que ce qui est fictif puisse être, à ses yeux, l'équivalent de ce qui est matériel. Ces gages sont de plusieurs sortes, savoir :

1°. Le représentatif de la valeur des billets mis en circulation ;

2°. La garantie que l'émission n'est faite que dans la proportion de son représentatif ;

3°. L'assurance d'un remboursement à vue.

Tout le représentatif actuel des billets de la Banque de France se compose de son porte-feuille, lequel comprend, et le capital des actionnaires, et le montant des billets échangés contre des eff. ts de commerce ou d'autres valeurs ; mais s'il peut exister, indépendamment du porte-feuille de la Banque, un moyen de garantie plus puissant encore sur l'opinion que ce porte-feuille, à combien plus forte raison les billets auront-ils droit à la confiance du public ! D'autre part, si la garantie que l'émission des billets ne sera faite que dans la proportion rigoureuse du principal, est démontrée par une surveillance intéressée à l'effet de cette même garantie, autre motif de déterminer la confiance du public. Enfin, s'il est également démontré que, pour l'échange de ses billets, la France n'aura plus besoin d'avoir en réserve, dans ses caves, un capital quelconque (toujours inconnu au public), destiné à rembourser les billets, et que cette réserve, qui paralyse une somme importante de numéraire disponible, et l'enlève à la circulation, se trouvera toute formée dans les caisses publiques, où le séjour indispensable du numéraire inactif, en abondance, devient un moyen facile et simple d'opérer les remboursemens à vue, nul doute encore que la confiance du public ne soit en plein repos. Ces trois espèces de garantie ressortiront, j'espère, du projet que je développerai tout à l'heure.

Je vais traiter, pour dernière observation préliminaire, la question de l'établissement des comptoirs.

Les comptoirs de la Banque de France sont-ils utiles ou nuisibles dans les places de commerce où ils sont institués, et n'en peut-on instituer d'autres encore sans danger? Voilà la question qui se présentera actuellement dans l'examen des moyens d'exécution du plan que j'ai conçu. Il me semble que cette question peut se résoudre ainsi : puisque c'est dans l'intérêt de certaines places de commerce qu'il s'agit d'établir chez elles des comptoirs, ce sont ces places de commerce elles-mêmes qu'il faut consulter; car elles seules connaissent parfaitement leurs propres besoins, et l'avantage, pour elles, d'une circulation plus ou moins rapide ; si elles reconnaissent que les comptoirs leur sont utiles, pourquoi les voudrait-on priver de ce bienfait? Autant que je puis en pénétrer les causes, je crois en trouver deux principales : la première, dans la crainte que pourrait avoir le Gouvernement, ou le Ministère des finances, de donner à la Banque de France une trop grande importance, comme établissement public ; cette crainte, si elle était réelle, ne me paraîtrait pas réfléchie : car quel ombrage peut porter au Gouvernement l'importance d'un tel établissement, si cet établissement, qu'il a créé et qu'il protége, est bon et utile en soi? Mais, loin d'être un mal, je soutiens au contraire que cette importance est un bien ; car elle ne peut que donner de l'éclat à notre commerce. L'Angleterre, puisqu'il faut toujours parler d'elle, et puisqu'il faut toujours que nos deux nations, amies-rivales, se comparent et se jalousent réciproquement entre elles, l'Angleterre nous en fournit l'exemple dans ses nombreux établissemens de ce genre. Quelle importance n'ont-ils pas? C'est donc l'utilité de l'établissement que le Ministère doit envisager, et non son plus ou moins d'importance dans l'Etat ; mais quelles raisons secrètes, me dira-t-on, supposez-vous au Ministère pour redouter le trop d'importance que pourrait acquérir la Banque de France par l'établissement de ces comptoirs? Je répondrai, avec franchise et liberté, que je fais cette supposition, parce que je vois le Ministère des finances disposé à conserver, dans le Trésor public, une institution que l'on peut appeler *une protubérance administrative*, plus nuisible qu'utile, en ce que c'est une institution rivale de plusieurs sortes d'industries financières, et qu'un ministère libéral doit soigneusement éviter de prendre des mesures d'administration qui tendent à rivaliser d'industrie avec les sujets du Roi, de quelque apparence d'utilité qu'on les couvre. Je veux parler de la caisse de service, conception malheureuse du dernier Ministère, et dont les résultats lui ont été assez évidemment fatals. Si l'on examine de quoi se compose aujourd'hui son actif, on aura bientôt la preuve de ce que j'avance. La caisse de service a été instituée originairement sous le double prétexte de rendre inutile l'intervention des banquiers de Paris dans la négociation des obligations des receveurs des départemens, et d'empêcher ceux-ci de faire de faux emplois de fonds pour tirer parti de leurs recettes ; elle ouvrait à ces derniers des comptes dans lesquels elle leur payait un intérêt honnête de leurs fonds, afin qu'ils ne se laissassent pas séduire par de gros intérêts dans les lieux respectifs de leurs recettes. A la faveur de cette disponibilité de fonds qu'elle versait à la caisse générale du Trésor, la caisse de service en retirait les obligations des receveurs généraux, à long terme, qu'elle négociait à la Banque de France, et dont elle versait une seconde fois le produit à la caisse générale du Trésor. Aux approches des échéances, elle retirait des mains de la Banque ces obligations, qu'elle remplaçait par de nouvelles, parce que les receveurs généraux s'en étant acquittés par leurs envois de fonds à la caisse de service, celle-ci devait les leur représenter quittancées ; elle évitait soigneusement de les mettre sur la place, non pas tant pour ménager leur crédit, que parce que, d'une part, elle ne craignait pas que les obliga-

tions fussent présentées aux receveurs pour le payement ;
et en second lieu, parce qu'elle n'aurait pas pu opérer le
renouvellement des obligations à échéances prochaines
aussi facilement avec le public qu'avec la Banque de
France. Il résultait donc de cette manœuvre que la
caisse de service consommait d'avance de deux façons
les revenus de l'Etat. Je ne parle point de la création
des annuités à intérêts onéreux ; je ne parle point non
plus du métier que faisait la caisse de service, de re-
cevoir, comme un banquier, les fonds du public à
tant pour cent d'intérêt par an, contre les propres engagemens du caissier ; mais c'est encore à la faveur de
l'existence de la caisse de service, que le Trésor a
fourni de nombreux mandats sur les receveurs généraux, par anticipation sur les recettes : autre manière
de consommer d'avance les revenus de l'Etat. On
payait des intérêts aux receveurs dans leurs comptes
de fonds remis à l'avance ; on en payait à la Banque
pour la négociation des obligations ; on en payait
pour les annuités ; on en payait au public pour les
fonds placés ; on en payait pour les bons par anticipation sur les receveurs. Voilà-t-il assez de manières
de mal administrer ? La caisse de service est un grand
moyen de mouvement dans la main d'un ministre, je
le sais ; mais ce mouvement est-il donc si nécessaire ?
La fondation d'un trésor public, *l'œrarium publicum*
proprement dit, n'a et ne doit avoir qu'un but, qu'un
objet : payer les charges de l'Etat avec ses revenus :

voilà tout le mécanisme ; je n'en connais point d'autre. Mais ici la caisse de service, par les opérations qu'elle fait, est une maison de banque tenue par le Ministre dans l'intérieur du Trésor, laquelle banque jouit, par sa position, de certaines immunités qui tournent au désavantage du fisc, quand ce ne serait que pour la seule partie du timbre, sans parler de l'enregistrement. Nuire à plusieurs branches de l'industrie des administrés, consommer d'avance les revenus publics, et réduire les produits du fisc, c'est, comme on dit, couper l'arbre à sa racine pour en cueillir les fruits.

La seconde cause qui me paraît s'opposer à l'établissement des comptoirs, est prise dans l'intérêt particulier de MM. les banquiers de Paris ; et voici comment j'explique cet intérêt : les comptoirs offrant aux négocians des places dans lesquelles ils seraient établis, des moyens de crédits locaux et une circulation assurée, rendent peut-être un peu moins nécessaires les crédits en banque, de même qu'ils rendent moins nécessaire l'intervention des banquiers dans certaines transactions commerciales, puisque, d'une part, tel négociant de Lyon, par exemple, n'aura pas toujours besoin de venir solliciter, d'un banquier de Paris, un crédit dont il trouvera souvent la ressource à Lyon même, et puisque, d'autre part, il ne sera pas obligé, par une suite indispensable de ce crédit obtenu à Paris, de faire tous ses payemens à Paris. Si les comptoirs devaient produire ce résultat, ne s'ensuivrait-il pas une économie de frais de banque qui tournerait au profit des consommateurs, car la marchandise, chargée de moins de frais, en serait moins chère? Il n'est pas démontré d'ailleurs qu'il faille absolument que les provinces soient les tributaires obligées de la capitale ; et l'établissement des comptoirs tend directement à les affranchir, en partie, de leurs tributs envers elle ; je dis, en partie, parce que la grande convenance des payemens à Paris, attirera toujours à la capitale de grandes préférences pour le mouvement des opérations de commerce. Maintenant, si je considère que, même dans l'état toujours inactif de notre commerce, qui n'a pu recueillir encore aucun des avantages de la paix, les villes où des comptoirs sont déjà établis en désirent et en demandent spécialement la conservation, ne dois-je pas conclure que ces comptoirs leur sont utiles, et admettre leur existence possible pour le succès de mon plan, puisque c'est un de mes moyens principaux d'exécution, attendu que Paris ne pourrait pas supporter seul le poids d'une émission de 250 millions de billets ? Et si, par la suite, Paris se trouve réduit, comme cela est probable, au commerce de consommation, alors, les autres places de l'intérieur reprenant leur activité, se trouveront avoir besoin d'une représentation de capital nécessaire à un mouvement plus étendu de circulation dont Paris seul jouissait précédemment, comme place d'entrepôt général.

Je passe au développement de mon projet.

Ce projet a pour but l'extinction de 200 millions du capital, quel qu'il soit, de la dette exigible, sans autre charge pour le Gouvernement que le paiement des intérêts de ces 200 millions.

Je propose que la Banque de France soit chargée de cette extinction dans un délai fixe de vingt-cinq ans, et par annuités de huit millions chaque année, dont les intérêts seront servis par le Gouvernement. Je sollicite pour la Banque de France le privilége d'émettre pendant vingt-cinq ans un capital de 250 millions de billets, dont le remboursement sera fait à vue par elle et par ses comptoirs, au moyen de fonds constamment à sa disposition dans les caisses publiques du Gouvernement.

Par l'opération projetée, le Gouvernement devant recueillir, chaque année, 8 millions, pour prix du privilége qu'il accordera, ira volontiers au-devant de la mesure relative à l'échange des billets, puisqu'elle ne lui impose aucune charge, aucune gêne quelconque, et qu'elle est pour le public une garantie d'autant plus grande, que le moyen d'exécution est extrêmement facile.

Sans rien changer aux élémens constitutifs de la Banque de France, en ce qui concerne :

1°. Les escomptes pour le commerce, objet essentiel de son institution ;

2°. L'établissement des comptes courans : je re-
construis

construis l'édifice, en ne composant les actionnaires
que de propriétaires, et en réglant les conditions d'admission à ce titre : ce qui nécessite impérieusement
que la Banque actuelle fasse sa liquidation, et retire
ses billets, pour les remplacer par ceux dont l'émission serait autorisée par lettres-patentes du Roi, ou
par une disposition législative.

Je spécifie la nature des placemens que la Banque
aura la faculté de faire de son plein gré, sans que le
Gouvernement exerce sur elle d'autre action, d'autre
influence que celle d'une surveillance protectrice,
pour mettre le public à l'abri de toute malversation.

Je répartis les bénéfices provenant des escomptes
et placemens de la Banque, de telle sorte, qu'il y a
pour les actionnaires un attrait qui compense l'étendue
de l'engagement qu'ils contracteront.

J'ai chiffré tous les résultats présumés de l'opération, tant pour le Gouvernement que pour la Banque
elle-même. Les tableaux, au nombre de trois, sont à
la suite du plan. Il résulte des calculs, que c'est la
jouissance d'un grand capital, fictif et matériel tout
à la fois, qui compose tous les avantages de l'établissement, et qui assure la part annuelle du Gouvernement dans les bénéfices, indépendamment de celle des
actionnaires qui, sans versemens de capitaux, se trouveront avoir recueilli, au bout de vingt-cinq ans,
57 1/2 p. 100 d'un simple représentatif de capital
par eux engagé. Ce résultat est assez beau sans doute

B

pour faire une part annuelle aux chances contraires que la Banque pourrait avoir à éprouver dans le courant d'une, ou même de plusieurs années; aussi proposé-je de déterminer une réserve, chaque année, sur les bénéfices, laquelle réserve, si rien ne l'endommage, sera l'objet d'un partage plus fort entre les actionnaires, à l'expiration de la vingt-cinquième année, combinaison qui peut seconder les vues d'un père de famille.

J'assure, en outre, aux actionnaires, des comptes rendus plus exactement par leurs administrateurs, que ceux rendus aux actionnaires actuels, lesquels sont, en quelque sorte, comptés pour rien, et ne sont consultés sur rien, parce qu'on les considère, pour ainsi dire, comme des êtres abstraits, dont l'existence est vague sur la place, puisque tel est actionnaire aujourd'hui, qui cesse de l'être demain; au lieu que les actionnaires nouveaux forment, dans mon plan, attendu leur qualité de propriétaires, une société d'individus, toujours présens ou représentés, et intéressés chacun, pour la conservation de sa chose, à suivre de près les opérations de la Banque, eu égard à l'importance du capital de chaque action.

L'exécution du plan donne lieu, comme on le verra, à la création de BONS DE REMBOURSEMENS, de COUPONS D'INTÉRÊTS en dépendant, et de CHANCES attachées aux actions pour le partage annuel des bénéfices, et la répartition d'une somme de lots qui sera prise dans une partie de ces bénéfices : ces trois sortes d'effets étant, par leur nature, négociables sur la place, ne pourraient qu'y produire un mouvement utile, et attireraient peut-être l'argent de l'étranger, suivant qu'il y trouverait matière à spéculation, considération qui n'est point à dédaigner.

Voici maintenant les bases principales du projet :

CHAPITRE PREMIER.

Du mode de remboursement de 200 millions à effectuer par la Banque de France.

ARTICLE PREMIER.

Sur le capital de la dette exigible, il sera distrait et liquidé séparément pour le 1er. janvier 1815, une somme de 200 millions.

II.

La Banque de France, pour prix d'un privilége dont il sera question plus bas, et d'une disponibilité constante de numéraire qui lui sera accordé par le Gouvernement, se chargera d'acquitter ces 200 millions dans l'espace de vingt-cinq ans, à raison de 8 millions par an.

B 2

III.

Ce capital de 200 millions portera intérêts au profit des créanciers liquidés, à raison de 3 p. 100 l'an, à compter du 1ᵉʳ. juillet 1814. Le Gouvernement fera payer séparément ces intérêts par le Trésor royal. (Voyez le Tableau, n°. 1ᵉʳ.)

IV.

Il sera fait une division de ces 200 millions, en vingt-cinq séries de 8 millions chaque, nᵛ. 1ᵉʳ. à 25.

V.

Le 1ᵉʳ. de chaque année, il sera fait un tirage du numéro de la série à rembourser dans l'année.

VI.

La série sortie sera remboursée en deux termes de six mois en six mois, et en capitaux seulement par la Banque de France.

VII.

Les titres actuels de créances seront échangés au fur et à mesure des liquidations contre des BONS DE REMBOURSEMENS ANNUELS, accompagnés de COUPONS D'INTÉRÊTS A 1 1/2 p. 100 pour chaque semestre (ces deux sortes d'effets négociables sur la place).

VIII.

Les bons de remboursemens seront payés à la caisse

de la Banque de France à Paris, suivant les disposi-
tions de l'art. 6 qui précède. Les coupons d'intérêts
seront payés par le Trésor royal.

IX.

La Banque de France fournira, chaque année, au
Gouvernement, les titres acquittés de chaque série
de 8 millions; elle recevra en échange un *quitus*
provisoire. (Tableau, n°. 2.)

CHAPITRE II.

*De la Banque de France, de son privilége, de ses
comptoirs, de ses placemens de fonds, de ses
bénéfices et de leur emploi.*

ARTICLE PREMIER.

La Banque de France fera sa liquidation générale
d'ici au 1er. janvier 1815, et retirera ses billets actuellement en circulation.

II.

Pour faciliter la liquidation complète de la Banque
de France, le Gouvernement traitera avec elle de son
immeuble à Paris.

III.

La Banque de France aura pendant vingt-cinq ans
consécutifs, à compter du 1er. janvier 1815, le privi-

lége d'émettre jusqu'à la concurrence de 250 millions de ses billets, énonçant le motif de leur création, et le gage sur lequel ils reposent.

IV.

Elle aura la faculté d'escompter tous effets de commerce en valeurs de satisfaction, soumises à un comité d'escompte pris dans les actionnaires, et de faire, en outre, tous les emplois de fonds à son gré, soit par achats d'effets publics, soit par placemens sur particuliers, avec garanties mobiliaires ou immobiliaires, de telle sorte, que le produit annuel des placemens se trouve, autant que possible, dans le rapport de 5 p. 100 l'an, pour la moitié du capital, et de 6 p. 100 l'an pour l'autre moitié, en préférant toutefois les valeurs de commerce à toutes autres, selon le taux de l'intérêt de l'argent dans les diverses places de commerce où la Banque pourra opérer, et en affectant toujours aux besoins du commerce, au moins les $3/5^{mes}$. du capital des billets émis (1).

V.

Le taux de l'escompte pour le commerce seule-

---

(1) Jusqu'à la réformation du Code hypothécaire, la Banque de France devra être sobre de placemens sur immeubles, et ne s'y livrer qu'autant que les emprunteurs offriront, par la nature même et la cause de leurs emprunts, toute sûreté de remboursement aux termes fixés, sans être exposés à l'expropriation.

ment, sera délibéré chaque année par les actionnaires, sous l'autorisation du Gouvernement, et annoncé publiquement. Cette mesure aura lieu, tant à Paris, où sera la caisse centrale, que dans chaque place de commerce, où il y aura un comptoir établi, et l'on y suivra le taux le plus courant de l'escompte dans lesdites places.

VI.

La Banque de France aura des comptoirs dans plusieurs villes principales du royaume, où ses agens opéreront par des voies uniformes, et selon les statuts de l'établissement.

VII.

Les frais de l'établissement central à Paris, et de ses comptoirs, seront à la charge de la Banque de France, pendant toute la durée de son privilége.

VIII.

Le produit annuel des escomptes et placemens sera employé à rembourser chaque année, pendant vingt-cinq ans, une série de 8 millions, sur le capital de 200 millions (1).

---

(1) Au fur et à mesure des bénéfices que ferait la Banque par ses escomptes et placemens, elle pourrait, dans le courant de chaque année, en employer le produit acquis, en achetant sur la place des BONS DE REMBOURSEMENS de la série sortie par le tirage du 1er. de l'an. Le cours de ces effets

IX.

Les bénéfices provenant des escomptes et placemens faits par la Banque de France, déduction faite, 1°. de l'annuité de 8 millions; 2°. de tous ses frais de gestion (évalués au plus haut dans les calculs), seront répartis, chaque année, de la manière suivante :

1°. Aux actionnaires, 1 p. 100 fixe du capital engagé par actions, et par portions égales attribuées à chaque action.

2°. Aux mêmes actionnaires, une somme fixe de 900,000 francs par voie de loterie, aux chances de laquelle chaque action aura un droit égal.

3°. Le reste des bénéfices, quels qu'ils soient, mis en réserve, et accumulés annuellement pour subvenir aux pertes ou aux charges imprévues. (Voyez le Tableau, n°. 5.)

X.

Le partage des bénéfices de la vingt-cinquième année s'augmentera, toujours par portions égales attribuées à chaque action, de la totalité des réserves réunies.

---

serait variable, en raison du plus ou du moins d'abondance de capitaux sur la place. La Banque, par ses achats, le soutiendrait; elle ne pourrait pas, d'ailleurs, faire de meilleur emploi, puisque ce serait ses propres annuités qu'elle rachèterait, comme lorsqu'aujourd'hui elle rachète ses propres actions.

CHAPITRE III.

De la composition des Actionnaires, des propriétés engagées par priviléges, des cas de vente, et des CHANCES *annexées aux actions.*

ARTICLE PREMIER.

La Banque de France ne sera composée que de propriétaires de biens ruraux, tels que *terres labourables, prés, bois* et *vignes* seulement : ces biens ne seront admis que sur l'estimation d'un revenu de 5 p. 100 l'an, quels que soient les baux ; c'est-à-dire qu'un revenu de 2,500 f. ne sera considéré que comme le représentatif d'un capital de 50,000 francs.

II.

Les propriétaires-actionnaires composant la Banque de France devront former une réunion complète de 250 millions de capital, d'après le mode d'estimation réglé par l'article qui précède, avant que la Banque puisse commencer ses opérations. A cet effet, les souscriptions seront ouvertes depuis le 1ᵉʳ. juillet 1814 jusqu'au 1ᵉʳ. janvier 1815.

III.

Le nombre des actions sera fixé à 5,000 pour un minimum de 50,000 francs de capital chacune.

I V.

Il ne sera admis au rang d'actionnaires que ceux dont les propriétés seront libres de toutes hypothèques quelconques, et qui pourront garantir un privilége pour sûreté des 250,000,000 de billets en émission ; et pour la garantie de l'engagement de payer 8,000,000 annuellement.

V.

Chaque actionnaire admis remettra à la Banque de France les titres de sa propriété, avec le privilége indiqué et l'engagement qu'il contractera envers elle de passer contrat de vente à la première réquisition de la Banque, sera exempt, par le mode adopté, de tout droit d'enregistrement ou de tous autres que la nature de l'opération pourrait engendrer.

V I.

Les propriétaires - actionnaires continueront de jouir du revenu de leurs propriétés, et passeront tels baux qui leur conviendront avec leurs fermiers pendant toute la durée de leur engagement : ils ne seront liés que par le seul privilége donné sur leurs biens.

V II.

Les actionnaires actuellement inscrits seront admis les premiers et de préférence au rang des nouveaux actionnaires, en remplissant toutefois les conditions prescrites par les articles 4 et 5, ci-dessus.

VIII.

Les 250,000,000 de biens ruraux hypothéqués , représentant le capital des actions , seront divisés en vingt-cinq séries, n°. 1 à 25, de valeur de 10,000,000 chaque.

IX.

Dans le cas où le produit des escomptes et placemens de la Banque de France, destiné au payement annuel des 8,000,000 de capital et des frais de gestion , ne suffirait pas pour effectuer le payement de ces deux objets, les réserves réunies y seront employées , jusqu'à due concurrence ; et si les réserves épuisées ne suffisaient point encore, il sera vendu une quotité nécessaire de biens, pris 1°. dans l'une des vingt-cinq séries ci-dessus ;

2°. Dans les propriétés des actionnaires qui auront gagné, dans quelqu'année que ce soit , les lots de

50,000 fr.
40,000   } d'après la division de lots établie au
50,000   } tableau n°. 3.

Ces propriétés seront toujours mises préférablement en vente.

X.

Chaque année , il sera fait publiquement un tirage indiquant la série qui devra fournir à l'acquit de l'annuité à échoir **et** des frais de gestion pour le tout ou partie.

XI.

Dans le cas de vente de tout ou partie d'une série, la Banque de France payera aux actionnaires dont les propriétés seront vendues , dans quelque classe qu'elles aient été prises, trois pour cent d'intérêt du montant de la vente de leurs propriétés, jusqu'à l'expiration des vingt-cinq ans. Ces intérêts seront pris, tant sur le produit des escomptes et placemens annuels, que sur les réserves, et encore sur les intérêts acquis à la Banque de France par la portion de dette éteinte, laquelle portion deviendra (avec les trois pour cent d'intérêts que paye le Gouvernement) la propriété de la Banque ou plutôt de ceux des actionnaires dont les biens auront été vendus. A l'expiration des vingt-cinq ans, la Banque remboursera aux actionnaires que l'on vient de désigner, les capitaux du montant des ventes.

XII.

Nonobstant les ventes, les actionnaires dont les propriétés auront été vendues, conserveront, indépendamment des 5 p. 100 d'intérêts stipulés article précédent, le droit de partage annuel dans les bénéfices, suivant le mode fixé par l'art. 9 du deuxième chapitre, et ce, pour toute la durée de vingt-cinq ans.

XIII.

Dans le cas où les escomptes et placemens n'auraient produit que de quoi fournir à l'acquit de l'annuité des 8 millions et des frais, il ne sera vendu aucune propriété pour former la répartition annuelle de bénéfice promise par l'art. 10 aux actionnaires. Il ne sera même pris aucun fonds sur la réserve pour cet objet.

XIV.

Il y aura faculté de mutation entre propriétaires anciens et propriétaires nouveaux, suivant les conditions d'admission établies plus haut, et ce, pendant tout le cours des vingt-cinq ans, avec exemption de droits d'enregistrement ou autres.

XV.

Les cinq mille actions seront accompagnées de cinq mille *CHANCES au porteur ;* ces chances, effets négociables sur la place, énonceront le droit du porteur au partage des bénéfices et au tirage des lots, suivant la stipulation de l'art. 9 du deuxième chapitre.

XVI.

A l'expiration de vingt-cinq ans, la Banque de France rendra au Trésor royal ou à la Cour des Comptes, un compte général de l'acquit des 200 millions. Elle recevra en échange son *quitus* définitif.

CHAPITRE IV.

Du remboursement à vue des billets de la Banque de France, et de la surveillance du Gouvernement.

ARTICLE PREMIER.

Les 25o millions de billets émis seront libres dans la circulation; ils seront remboursables à vue en espèces par la Banque de France, dans les diverses caisses de ses comptoirs, tant à Paris que dans les villes où lesdits billets auront été mis en émission.

II.

Pour l'exécution de l'article précédent, le Gouvernement s'engagera à tenir à la disposition de la Banque et de ses comptoirs, et sur les mêmes points où ces comptoirs seront établis, un capital de 6o millions, espèces, représentant à peu près le quart de l'émission totale et présumé nécessaire aux remboursemens, indépendamment du numéraire qui pourra se trouver dans les diverses caisses de la Banque.

III.

Il y aura un commissaire du Roi et deux adjoints près l'établissement central de la Banque de France à Paris, et des délégués dans chacun des comptoirs, pour en surveiller les opérations, en conformité des

statuts ; ils seront responsables des effets de leur surveillance respective, et ne pourront être admis au
nombre des actionnaires.

IV.

Le Gouvernement fournira les locaux nécessaires,
tant à l'administration centrale de la Banque de
France à Paris, qu'aux divers comptoirs, et la force
armée indispensable pour la garde des caisses.

V.

Les frais de traitemens du commissaire du Roi, des
adjoints et des délégués, ainsi que ceux des locaux,
seront à la charge du Gouvernement.

CHAPITRE V.

*De la résiliation de l'engagement de la Banque de
France, et d'une promesse du Gouvernement.*

ARTICLE PREMIER.

L'engagement que contractera la Banque de France
envers le Gouvernement, d'acquitter chaque année
8 millions du capital de la dette exigible, n'aura
d'effet que pour le temps pendant lequel le privilége
lui sera conservé. Si dans le cours des vingt-cinq ans,
le Gouvernement formait un établissement quelconque
qui pût faire craindre à la Banque de France une ri-
valité dangereuse, elle aura la faculté de demander la

résiliation de son engagement, en faisant sa liquidation, et retirant ses billets de la circulation.

II.

Le Gouvernement promettra de ne s'immiscer dans aucune des opérations de la Banque de France, et s'engagera à ne traiter avec elle que comme un simple particulier, pour les opérations qu'il pourra lui proposer.

Il reste à rédiger les Chapitres VI, VII, VIII et IX.

1°. Pour l'établissement des comptes courans dans la forme actuellement existante;

2°. Pour la partie administrative;

3°. Pour le contentieux;

4°. Pour les réglemens intérieurs et les comptes à rendre annuellement aux actionnaires.

NOTE

NOTE IMPORTANTE.

Si l'on m'objecte, d'une part, que le Gouvernement peut acquitter la totalité de la dette exigible par des moyens qui rendront superflue l'opération que je propose, et toute autre de ce genre ; d'autre part, si, contre mon opinion, on pensait qu'une émission de 250 millions de billets surchargerait trop la circulation, quant à présent, le commerce n'ayant point encore acquis le mouvement qui peut la rendre nécessaire, je répondrai premièrement, que le Gouvernement peut toujours accorder le privilége demandé, si ce n'est dans la vue d'acquitter une partie de la dette, du moins dans la vue de recueillir 8 millions par année ; secondement, que si l'émission de 250 millions paraît trop forte, l'on peut réduire l'opération à moitié, en lui conservant toutes ses proportions ; ou bien, en adoptant le principe que l'émission pourra, selon les besoins réels de la circulation, s'étendre à 250 millions, sans jamais dépasser ce capital, convenir avec la Banque de France, qu'elle aura, chaque année, la faculté de suivre les mouvemens de la circulation, et conséquemment d'étendre

C

ou de réduire l'émission de ses billets, pourvu, toutefois, que la somme qu'elle paiera annuellement au Gouvernement pour son privilége, soit dans la proportion de 8 millions, pour une émission de 250 millions, sauf seulement une réduction relative pour les frais de gestion qui seront toujours les mêmes, quelle que soit la quotité de l'émission. Par exemple, le calcul des bénéfices étant fait sur un capital de 250 millions de billets, et les frais de gestion étant évalués à deux millions, somme fixe, si l'opération n'était que de moitié, les frais restant toujours les mêmes, il en résulterait que les bénéfices seraient réduits d'un million. Dans ce cas, le Gouvernement et la Banque partageraient toujours la charge, quelle qu'elle soit, qui résulterait, par les frais fixes de gestion, d'une émission inférieure à 250 millions.

Les bénéfices des actionnaires s'en trouveraient, à la vérité, réduits aussi ; mais leurs chances le seraient également, puisque leurs engagemens n'existeraient que dans la proportion de l'émission qui serait faite, sans que le nombre ni le capital des actions changeassent.

Or, cette opération, sous quelque rapport qu'on l'envisage, présente des avantages certains, résultant de ce que l'on crée quelque chose avec rien, et que l'on fait produire des bénéfices réels à des capitaux non effectifs.

Quant à la liquidation à opérer par la Banque de France actuelle, voici le résultat qu'elle produirait : le montant des 90 mille actions remboursé aux actionnaires par cette liquidation, serait employé, en très-grande partie, par les capitalistes, dans les cinq pour cent consolidés, ce qui favoriserait singulièrement le cours de ces fonds.

—————

Je proposai dernièrement à un ministre de lui communiquer mon projet. — Avant tout, Monsieur, me dit-il, quel est votre moyen principal ? — Monseigneur, une émission de billets de la Banque de France, supérieure à celle qui a eu lieu jusqu'ici. — Augmenter la masse des billets de banque, Monsieur ! Il y en a déjà trop ; je voudrais qu'il n'y en eût point. —Monseigneur, vous n'êtes point de l'avis du public ; car le public trouve qu'il n'y en a point assez. Que les affaires se raniment, que le commerce extérieur reprenne un peu d'activité, et vous reviendrez bientôt à l'avis du public et au mien. — C'est-à-dire, que vous voulez un papier-monnaie. — Non, Monseigneur : les Billets de la Banque de France n'ont point été considérés jusqu'ici comme un papier-monnaie ; ils reposent, tant sur un gage métallique, que sur des valeurs de porte-feuille de bon choix ; et ceux que je propose de créer reposeront tout à la fois sur un gage métallique, sur des valeurs de porte-feuille et sur des immeubles en *terres , prés , bois* et *vignes ,* les plus impérissables de toutes les valeurs.

— Mais, enfin, Monsieur, vous voulez un signe représentatif, et cela ne me convient point. — Tant pis, Monseigneur : car un bon sytême de finances doit admettre comme moyen de crédit et de mouvement utile , tout signe représentatif reposant sur des gages matériels , et émis dans une sage proportion : j'entends par sage proportion, celle qui n'occasionne, ni une augmentation dans le prix des denrées , ni une baisse trop sensible dans l'intérêt de l'argent.

— Et comment jugerez-vous si votre émission projetée sera faite dans une proportion sage ou non ? — Par les besoins réels de la circulation, Monseigneur, et la Banque de France sera toujours, plus que le ministère même, à portée de connaître ces besoins-là, par l'étendue des demandes de fonds qui lui seront faites. Ainsi, la Banque de France et ses comptoirs pourront déterminer, chaque année, de combien l'émission des billets peut être augmentée, et de combien elle peut être diminuée. — Est-ce que vous croyez, Monsieur, que les billets de la Banque de France seront reçus dans les provinces, comme ils le sont à Paris ? — Oui, Monseigneur, parce que ce n'est que dans certaines provinces que je propose d'en émettre, et là seulement où le gage matériel des billets sera sous les yeux du public pour lequel ils sont mis en circulation. — On craindra toujours que cela ne ressemble, ainsi que je viens de vous le dire, à un papier-monnaie. — On pourrait, Monseigneur, avoir cette crainte-là, si la France entière se trouvait couverte de billets ; mais en bornant l'émission aux besoins connus de la circulation, et en n'opérant que sur les points où elle est le plus active, cette crainte deviendrait chimérique. — Vos raisons, Monsieur, me répondit-il, peuvent être fort bonnes, mais je ne puis pas admettre votre moyen principal.

La conférence en demeura là, et je crus inutile de donner à Monseigneur communication de mon projet, parce qu'il me parut ne pas se rendre un compte bien exact de ses scrupules au sujet d'un capital fixe de papier circulant à l'égal du numéraire, et ne pas apprécier assez la force des garanties propres à déterminer la confiance : si le public prend aujourd'hui très-volontiers les billets actuels de la Banque de France, garantis comme ils le sont, combien plus volontiers prendra-t-il les nouveaux billets, qui lui offriront un gage de plus, lorsque, surtout, ce gage est matériel. Le doute, j'en conviens, est la règle constante du sage ; en morale, on ne saurait l'étendre trop loin, mais en matière d'administration, le doute a ses limites.

CONCLUSION.

Je ne sais pas si j'ai mission, ou non, pour proposer

un plan de finances ; mais je sais que tout citoyen a le droit de présenter ses idées, quand elles ont pour but l'intérêt de son pays. C'est en vertu de ce droit, fortifié peut-être par la connaissance de la place, et par un peu d'habitude des affaires, que j'ai écrit tout ce qu'on vient de lire. Puisse ce plan être considéré, abstraction faite de quelques intérêts privés qu'il pourra froisser, sous le véritable point de vue d'utilité générale qu'il présente !

L'essentiel, dans toute opération de finances du genre de celle que je propose, est que le Gouvernement qui l'autorise, que l'établissement qui la traite, et que le public dont elle sollicite la confiance comme son élément principal, y trouvent tout à la fois avantage et sûreté. Or, je crois que, d'un côté, l'avantage du Gouvernement et celui des actionnaires est assez démontré, et de l'autre, que la sûreté du public repose sur le gage le plus matériel et le moins équivoque.

Paris, 10 Juillet 1814.

BRILLEMONT,
Propriétaire, rue St.-Georges, n°. 11.

TABLEAUX

N°s. 1, 2 et 3.

TABLEAU N°. Ier.

PAYEMENS A EFFECTUER

PAR LE TRÉSOR ROYAL.

1°. *Intéréts de 200,000,000 fr., à compter du 1er. Juillet 1814, jusques et compris l'année 1839, calculés sur le décroissement annuel de 8,000,000 fr. par an, à partir du 1er. Janvier 1815 ;*

SUR

200,000,000 *fr.*	six derniers mois de 1814. — 3,000,000 *fr*
200,000,000	l'année....... 1815. — 6,000,000
192,000,000	» ...... 1816. — 5,760,000
184,000,000	» ...... 1817. — 5,520,000
176,000,000	» ...... 1818. — 5,280,000
168,000,000	» ...... 1819. — 5,040,000
160,000,000	» ...... 1820. — 4,800,000

35,400,000

(41)

Report. . : . . . 35,400,000 ^{fr}

152,000,000 ^{fr}. l'année.	1821. —	4,560,000
144,000,000 »	1822. —	4,320,000
136,000,000 »	1823. —	4,080,000
128,000,000 »	1824. —	3,840,000
120,000,000 »	1825. —	3,600,000
112,000,000 »	1826. —	3,360,000
104,000,000 »	1827. —	3,120,000
96,000,000 »	1828. —	2,880,000
88,000,000 »	1829. —	2,640,000
80,000,000 »	1830. —	2,400,000
72,000,000 »	1831. —	2,160,000
64,000,000 »	1832. —	1,920,000
56,000,000 »	1833. —	1,680,000
48,000,000 »	1834. —	1,440,000
40,000,000 »	1835. —	1,200,000
32,000,000 »	1836. —	960,000
24,000,000 »	1837. —	720,000
16,000,000 »	1838. —	480,000
8,000,000 »	1839. —	240,000

2°. *Frais de Locaux et Traitemens du
Commissaire du Roi , des Adjoints et Délégués , évalués ,
pour 25 ans.* 9,000,000

TOTAL à payer par le Trésor royal,
dans l'espace de 25 ans. . . . . . 90,000,000 ^{fr}

C *

TABLEAU N°. 2.

PAYEMENS

A EFFECTUER A PARIS

PAR LA BANQUE DE FRANCE.

La Banque de France payera, en l'acquit du Gouvernement, 50 Semestres de 4,000,000 f. chaque, en capital seulement, contre une somme égale de Bons de Remboursemens annuels.

Le 1er. Juillet 1815	1 Semestre échu.	—	4,000,000 fr.
Le 1er. Janvier 1816	1 » »	—	4,000,000
Le 1er. Juillet 1816	1 » »	—	4,000,000
			12,000,000

12,000,000 *fr*

Le 1er. Janvier 1817	1	Semestre échu.	—	4,000,000
Le 1er. Juillet 1817	1	» »	—	4,000,000
Le 1er. Janvier 1818	1	» »	—	4,000,000
Le 1er. Juillet 1818	1	» »	—	4,000,000
Le 1er. Janvier 1819	1	» »	—	4,000,000
Le 1er. Juillet 1819	1	» »	—	4,000,000
Le 1er. Janvier 1820	1	» »	—	4,000,000
Le 1er. Juillet 1820	1	» »	—	4,000,000
Le 1er. Janvier 1821	1	» »	—	4,000,000
Le 1er. Juillet 1821	1	» »	—	4,000,000
Le 1er. Janvier 1822	1	» »	—	4,000,000
Le 1er. Juillet 1822	1	» »	—	4,000,000
Le 1er. Janvier 1823	1	» »	—	4,000,000
Le 1er. Juillet 1823	1	» »	—	4,000,020
Le 1er. Janvier 1824	1	» »	—	4,000,000
Le 1er. Juillet 1824	1	» »	—	4,000,000
Le 1er. Janvier 1825	1	» »	—	4,000,000
Le 1er. Juillet 1825	1	» »	—	4,000,000
Le 1er. Janvier 1826	1	» »	—	4,000,000

88,000,000

88,000,000 *fr*

Le 1er. Juillet 1826	»	» »	— 4,000,000

Le 1er. Juillet 1826   »   » »   — 4,000,000
Le 1er. Janvier 1827   »   » »   — 4,000,000
Le 1er. Juillet 1827   »   » »   — 4,000,000
Le 1er. Janvier 1828   »   » »   — 4,000,000
Le 1er. Juillet 1828   »   » »   — 4,000,000
Le 1er. Janvier 1829   »   » »   — 4,000,000
Le 1er. Juillet 1829   »   » »   — 4,000,000
Le 1er. Janvier 1830   »   » »   — 4,000,000
Le 1er. Juillet 1830   »   » »   — 4,000,000
Le 1er. Janvier 1831   »   » »   — 4,000,000
Le 1er. Juillet 1831   »   » »   — 4,000,000
Le 1er. Janvier 1832   »   » »   — 4,000,000
Le 1er. Juillet 1832   »   » »   — 4,000,000
Le 1er. Janvier 1833   »   » »   — 4,000,000
Le 1er. Juillet 1833   »   » »   — 4,000,000
Le 1er. Janvier 1834   »   » »   — 4,000,000
Le 1er. Juillet 1834   »   » »   — 4,000,000
Le 1er. Janvier 1835   »   » »   — 4,000,000
Le 1er. Juillet 1835   »   » »   — 4,000,000

———————

164,000,000

							164,000,000^{fr}
Le	1er.	Janvier	1836	1	Semestre échu.	—	4,000,000
Le	1er.	Juillet	1836	1	»»	—	4,000,000
Le	1er.	Janvier	1837	1	»»	—	4,000,000
Le	1er.	Juillet	1837	1	»»	—	4,000,000
Le	1er.	Janvier	1838	1	»»	—	4,000,000
Le	1er.	Juillet	1838	1	»»	—	4,000,000
Le	1er.	Janvier	1839	1	»»	—	4,000,000
Le	1er.	Juillet	1839	1	»»	—	4,000,000
Le	1er.	Janvier	1840	1	»»	—	4,000,000
					TOTAL.		200,000,000^{fr}.

TABLEAU N⁰. 3.

RÉSULTATS ET RÉPARTITION

DES BÉNÉFICES

Provenant des Escomptes et Placemens de la Banque de France, déduction faite de l'annuité de 8,000,000 fr., et de ses frais de gestion évalués, par an, 2,000,000 fr.

L'ÉMISSION de 250 millions de Billets produira, chaque année ;

SAVOIR :

Sur 125,000,000 placés à 5 p. o/o l'an . . . . .   6,250,000 ^{fr}

Sur 125,000,000 placés à 6 p. o/o l'an   7,500,000

                                                      13,750,000

A déduire, { 1°. l'annuité de . . . . 8,000,000 }   10,000,000
            { 2°. frais de gestion de 2,000,000 }

Reste, pour chaque année (1)   3,750,000

A répartir comme suit ;

---

(1) 3,750,000 fr., multipliés par 25 années, donneront un résultat total de 93,750,000 f., qui forment 37 1/2 % de 250 millions.

S A V O I R :

A partager annuellement aux 5,000 Actions ,
par portions égales et fixes de 500 francs
chaque.   2,500,000

A distribuer aux 5,000 Actions, par voie de
loterie, suivant la division ci-après   900,000
A mettre en réserve.   350,000

Somme pareille. . . .   3,750,000

N O T A. — Pour la vingt-cinquième année,
il y aura à ajouter, aux 2,500,000 fr. , ci.   2,500,000
de partage fixe , les vingt-cinq années de
réserve , de 350,000 fr. chaque , faisant
(sans compter les intérêts qui en accroî-
traient encore le montant), ci.   8,750,000

TOTAL.   11,250,000
Soit. . . .   2,250

par chaque action de 50,000 francs , et ce
indépendamment des 900,000 francs de
lots , comme pour les vingt-quatre années
précédentes.

DIVISION

DES LOTS

A distribuer, chaque année, aux 5,000 Actions.

1	Lot	de.	50,000 *fr*	50,000 *fr*
1	—	de.	40,000	40,000
1	—	de.	30,000	30,000
1	—	de.	20,000	20,000
4	—	de.	15,000	60,000
50	—	de.	3,000	150,000
100	—	de.	2,500	250,000
250	—	de.	1,000	250,000
100	—	de.	500	50,000
508				900,000

Première Note.

Le nombre de Lots étant de 508, et le nombre des Actions étant de 5,000, il résulte pour commune un lot assuré par dix actions.

Deuxième Note.

Chaque année, l'une des 5,000 actions recevra, par le gros lot, le capital de 50,000 fr. qu'elle représente, sans que

(49)

l'Actionnaire cesse d'être propriétaire et de jouir des avantages annuels de l'opération, avec l'espoir, si le numéro de
son action est heureux, de rencontrer plus d'une fois le
gros lot, et conséquemment un capital égal à la valeur de sa
propriété.

DE L'IMPRIMERIE DE PORTHMANN,
RUE DES MOULINS, N°. 21.